M. LE BARON MALLET

M. le baron Mallet (James), dont la mort, sinon prématurée, au moins bien inattendue, laisse de si profonds regrets à tous ceux qui ont eu le bonheur de le connaître, était issu d'une famille française réfugiée à Genève en 1558. Un de ses ancêtres était venu, en 1720, fonder à Paris une maison de banque encore existante aujourd'hui. Né lui-même en 1787, régent de la Banque pendant vingt-huit ans après son père et avant son fils aîné, pendant deux ans juge au tribunal de commerce, membre jusqu'à sa mort, comme l'avait aussi été son père, du consistoire de l'Église réformée de Paris et prêtant également son concours à de nombreuses sociétés utiles et charitables, M. Mallet, dans ces divers emplois, a constamment donné des preuves de son zèle éclairé pour les intérêts moraux et matériels de la société. Ses services dans la garde nationale n'ont été ni moins actifs ni moins méritoires, soit que, comme officier d'état-major attaché au maréchal Moncey, il prît part, en 1814, à la défense de Paris contre l'étranger, ce qui lui valut, avec la croix de la Légion d'honneur, le grade de colonel, soit qu'après 1830 il figurât comme simple grenadier dans les rangs de cette première légion si belle, si disciplinée, si souvent appelée à lutter contre de formidables émeutes.

On peut remarquer que, dans l'énumération de ces fonctions si variées, il ne s'en trouve aucune qui ait eu un caractère politique, à proprement parler. On aurait tort d'en conclure que M. Mallet était indifférent aux destinées, aux institutions politiques de son pays, ou qu'il n'y prenait qu'un médiocre intérêt. Il appartenait à cette génération qui, apparaissant sur la scène du monde au milieu du despotisme et des guerres de l'Empire, avait puisé, dans le spectacle des calamités dont ce régime avait accablé la France, l'amour d'une sage liberté, seule barrière efficace contre le retour de ces grands désastres. Il était de ceux qui virent un bienfait dans la Restauration, parce qu'elle promettait la paix et la liberté, qui, dans les moments où, dirigée par les Richelieu, les Decazes, les de Serre, les Martignac, elle essayait sérieusement de tenir ses promesses, s'attachèrent fortement à elle, qui, enfin, lorsqu'elle s'engageait dans des voies plus périlleuses où elle devait trouver sa perte, s'affligèrent profondément d'un aveuglement dont ils prévoyaient les suites funestes pour elle-même et pour la France.

Telles étaient les opinions de M. Mallet. Elles expliquent une circonstance de sa vie à laquelle peuvent aussi avoir contribué les relations d'amitié qu'il avait contractées dans sa jeunesse avec plusieurs familles de la haute aristocratie. Lorsque le duc de Richelieu, dans la louable pensée de populariser la royauté en donnant des proportions plus larges et une composition moins exclusive à la cour dont elle était entourée, décida Louis XVIII à y faire entrer un certain nombre de personnes prises dans les rangs élevés des diverses classes de la société, M. Mallet y fut appelé à la position de gentilhomme honoraire de la Chambre, et il en remplit les fonctions auprès de ce prince et de son successeur. Il vit avec douleur la catastrophe trop provoquée qui, en brisant le trône de Charles X, livrait aux hasards de nouvelles tempêtes les destinées de la France alors qu'on avait pu croire qu'elle était déjà entrée dans le port; mais il sut gré au gouvernement de 1830 des efforts, quelque temps heureux, qu'il faisait pour sauver l'ordre et les libertés publiques, et il se montra toujours disposé à le seconder dans cette noble tâche. Ni les mécomptes de la politique, ni l'influence des intérêts matériels dans lesquels, par sa profession, il se trouvait plus particulièrement engagé, n'eurent pour effet d'affaiblir en lui les nobles croyances de sa jeunesse. Les institutions généreuses qu'il avait considérées, à trente ans, comme les seules garanties d'un avenir prospère pour la France, ne cessèrent pas de lui paraître telles, même après que des expériences répétées lui eurent prouvé que ces garanties si précieuses n'étaient pourtant pas infaillibles; et tandis que d'autres, qu'on avait vus, avant ces pénibles épreuves, animés d'un libéralisme ardent jusqu'à l'éxagération, l'abjuraient complétement pour chercher un abri dans le pouvoir absolu, il restait ce qu'il avait toujours été, un libéral modéré, un royaliste constitutionnel.

Ces idées, qui tenaient au fond de sa nature morale, étaient aussi en lui le résultat d'une éducation bien dirigée. La culture de l'esprit n'est pas toujours, sans doute, un gage de l'élévation et de la générosité des sentiments; mais elle a une grande puissance pour les développer dans ce sens; elle les y affermit en leur donnant une base solide et des armes défensives contre les accidents de la vie qui pourraient les ébranler. L'esprit de M. Mallet était très-cultivé et sa mémoire très-ornée. Il connaissait bien l'histoire, pour laquelle il avait un goût très-marqué. La littérature française et celles de l'antiquité ne lui étaient pas seules familières; il s'était approprié aussi les trésors de la littérature anglaise, de la littérature italienne surtout, objet pour lui d'une prédilection qu'avaient fortifiée plusieurs voyages dans la péninsule.

Peu porté, par nature, à se mettre en avant, d'un abord réservé et même froid, peut-être un peu timide, ceux qui ne le voyaient que rarement pouvaient ne pas se rendre compte de l'agrément très-réel de ses entretiens; mais lorsqu'il se sentait à l'aise et en confiance, sa conversation était nourrie, instructive, des réflexions justes et fines.

des anecdotes bien choisies et bien racontées la rendaient souvent fort intéressante, et le sentiment très-vif qu'il avait du côté comique des choses, un certain talent de *mimer* les ridicules, si l'on peut ainsi parler, talent qui, d'ailleurs, ne descendait jamais à la caricature ni à la satire malveillante, y jetaient parfois une gaieté que ne semblait pas promettre sa physionomie sérieuse et grave.

Excellent citoyen, homme du monde, aimable autant que distingué, M. Mallet possédait aussi d'autres qualités plus précieuses encore, quoique moins faites pour frapper le public, parce qu'elles s'exercent dans un cercle plus resserré. Dès sa première jeunesse, la gravité de ses mœurs, la régularité de sa conduite, la précocité de sa raison, la bienveillance naturelle et la douceur inaltérable de son caractère pouvaient faire prévoir qu'il était destiné au bonheur de la famille. Ce bonheur, qu'il méritait si bien, lui a été accordé dans une large mesure. Uni par une tendre amitié à un frère un peu plus jeune que lui, il ne lui a survécu que d'un petit nombre d'années. Pendant les derniers temps de sa vie, alors que, ne prenant plus aux affaires une part aussi active, il pouvait passer la plus grande partie de l'année dans sa belle résidence de Jouy avec sa digne compagne, fille du célèbre Oberkampf, entouré de ses enfants et de ses petits-enfants, son existence avait pris quelque chose de patriarcal. Au sein d'une population que la mémoire vénérée de son beau-père attache encore à tous ses descendants, il profitait des ressources de sa fortune pour continuer les traditions de bienfaisance et de charité de cet homme de bien. Ses habitudes étaient simples comme elles l'avaient toujours été. Ses sentiments étaient religieux, on a droit de le dire, quoiqu'il ne cherchât pas l'occasion de leur donner de la publicité, car sa vie en a été le constant témoignage, et, dans les luttes qui ont divisé en dernier lieu l'Église réformée de Paris, il n'a cessé de soutenir, comme membre du conseil presbytéral, la cause des croyances orthodoxes.

Malgré son grand âge, ses forces physiques étaient restées, en apparence, presque aussi entières que ses facultés intellectuelles. Sa vue seulement s'était affaiblie, et, depuis quelques années déjà, un secours étranger lui était nécessaire pour le tenir au courant de tout ce qui paraissait de remarquable, de tout ce qui pouvait intéresser son esprit curieux et avide d'information. Rien n'annonçait que cette existence, si pleine et si heureuse, approchât de son terme, et on devait espérer qu'elle se prolongerait pendant plusieurs années encore : une courte maladie a enlevé M. Mallet presque sans souffrance, le 26 septembre 1868.

L. DE VIEL-CASTEL.

www.ingramcontent.com/pod-product-compliance
Lightning Source LLC
Chambersburg PA
CBHW071431060426
42450CB00009BA/2119